AF245362

PROCÈS-VERBAL

DES SÉANCES

DE

L'ASSEMBLÉE PROVINCIALE

D'ALSACE.

A STRASBOURG,

DE L'IMPRIMERIE DE F. G. LEVRAULT.

M. DCC. LXXXVII.

PROCÈS-VERBAL

DES SÉANCES
DE L'ASSEMBLÉE PROVINCIALE
D'ALSACE.

Du Lundi 20 Août 1787.

*Monsieur le Président de l'Assemblée ayant ordonné
que le procès-verbal de la première séance tenue le samedi 18 du présent
mois, en conséquence du* Règlement fait par Sa Majesté sur la formation & la composition des Assemblées qui auront lieu dans la province
d'Alsace, Art. I, Assemblées provinciales, *seroit rapporté sur le
registre destiné à recevoir les procès-verbaux des séances de l'Assemblée,
il y fut inséré tel qu'il avoit été dressé par le Membre de l'Assemblée
chargé de sa rédaction à défaut de Greffier. S'en ensuit la teneur:*

LE ROI, par son édit du mois de juin mil sept cent quatre-vingt-
sept, ayant créé une Assemblée en Alsace, & adressé en conséquence

A

des lettres de cachet à vingt-quatre habitans de cette province, dont six de l'ordre du Clergé, six de celui de la Noblesse, & douze du Tiers-état, contenant l'ordre d'assister le dix-huit août à l'ouverture de ladite Assemblée, elle s'est formée à Strasbourg en l'hôtel de la Noblesse, & a été composée :

Pour le Clergé,

De MM. Le Bailli de FLACHSLANDEN, Président.
L'Évêque de DORA.
Le Prince Abbé de MOURBACH.
L'Abbé de NEUBOURG.
L'Abbé de MAURMOUTIER.
Le Prévôt de S. - Pierre - le - Jeune.

Pour la Noblesse :

Le Comte de WALDNER.
Le Baron de WANGEN.
Le Baron de FALCKENHAYN.
Le Baron de LANDSPERG.
Le Comte de MONTJOIE D'HIRSINGEN.
Le Prince de BROGLIE.

Pour le Tiers-État :

De la PORTE.
CHAUFFOUR.
NEUBECK.
HENNENBERG.
ZOLLICOFFRE.
HELL.
MAYNO.
De COINTOUX.

MM. Horrer.
Pflieger.
Schwendt.
De Turckheim.

Lesquels, après avoir présenté à l'Assemblée les ordres du Roi qui leur avoient été adressés, ont pris rang & séance, savoir : le Clergé à la droite de M. le Président, la Noblesse à sa gauche, & le Tiers-État à la suite des deux premiers ordres.

Alors M. le Président a dit :

» QUEL jour, Messieurs, que celui où un Roi bienfaisant & père » de ses peuples veut bien céder au vœu de sa nation, & lui confier, » pour assurer son bonheur, l'administration des charges publiques!

» C'est le plus grand bienfait que nous pouvions recevoir de sa » bonté ; il doit nous inspirer la plus vive reconnoissance, & je » croirois vous blesser en cherchant à exciter en vous, Messieurs, » un sentiment dont vous êtes pénétrés.

» C'est par le dévouement le plus entier à la chose publique, le » dépouillement le plus absolu de tout intérêt personnel, que nous » avons à justifier la confiance dont Sa Majesté a daigné nous » honorer.

» L'étendue de nos devoirs est immense, mais n'est pas effrayante : » le but en est si noble, la satisfaction de notre Maître, le bonheur » de nos concitoyens ; il est fait pour exalter les ames les plus lentes » à s'émouvoir. Ce qui doit sur-tout nous rassurer, c'est la certitude » que nous serons secondés par le Roi, qui veut le bien de ses » peuples, & que nous avons près de lui pour interprète un Prélat » vertueux & éclairé, qui a été porté à la place qu'il occupe par le » vœu de la Nation.

» Mais en nous livrant au zèle le plus actif, ne sortons pas des

» bornes qui nous font prefcrites. Il eft aifé d'aller au-delà du but.
» On fe laiffe entraîner par l'efprit de réforme, & en voulant détruire
» tous les abus à la fois, on en introduit fouvent de plus grands,
» pour avoir été fans mefure. Une marche lente & réfléchie eft dans
» les commencemens celle qui me paroît nous convenir. Adoptons
» fans prévention ce qui eft bien ; réformons fans critique les abus
» que nous appercevrons; févères pour nous feuls, foyons indulgens
» pour les autres.

» Le Gouvernement, nos concitoyens ont les yeux fur nous : leur
» confiance, leur eftime eft le prix qui nous attend, & c'eft de la
» fageffe de nos délibérations que l'une & l'autre dépendent.

» Il eft bien flatteur pour moi, Meffieurs, de me trouver réuni
» avec vous pour concourir au bonheur de notre patrie. Je vous
» demande votre amitié, & chercherai à mériter votre confiance
» par mon zèle & mon application affidue à feconder vos vues. »

M. Mayno a été député à M. de la Galaizière, Confeiller d'État,
Intendant de cette province, faifant les fonctions de Commiffaire du
Roi, pour le prévenir que l'Affemblée étoit formée. A fon arrivée,
étant en robe & fuivi de fon Secrétaire, il a été reçu au haut de
l'efcalier par M. l'abbé de Neubourg, M. le comte de Montjoie
d'Hirfingen, & MM. Zollicoffre & de Turckheim, députés de l'Affemblée : entré dans la falle de l'Affemblée, où il trouva tous les
Membres debout, il fe plaça dans un fauteuil vis-à-vis de M. le
Préfident, & dit :

Messieurs,

» La circonftance qui vous raffemble fera une époque mémo-
» rable à confacrer dans les annales de notre fiècle & de notre nation.
» La conftitution des états ne fauroit être abfolument fixe & perma-
» nente. Le temps, le progrès des lumières, le changement des

» mœurs & des opinions, amènent & néceſſitent des révolutions
» dans le ſyſtème politique des Gouvernemens. Nous voyons depuis
» trente ans les idées patriotiques germer inſenſiblement dans toutes
» les têtes ; chaque citoyen deſire aujourd'hui d'être appelé à con-
» courir au bien général. Cette diſpoſition ne peut être trop favo-
» riſée. Le Roi veut le bonheur de ſes ſujets ; il ne peut mieux
» remplir ſes vues qu'en conſentant qu'ils y travaillent eux-mêmes.

» L'Adminiſtration a cédé depuis long-temps à l'impulſion de ce
» mouvement général, que le progrès des connoiſſances a imprimé
» à la Nation. Les reſſorts du Gouvernement, qui ne jouoient autre-
» fois que dans les ténèbres, ſont aujourd'hui développés & expoſés
» aux yeux des peuples. Les préambules de toutes les loix modernes
» renferment leurs motifs ; les opérations méditées ſont ſouvent livrées
» d'avance à la diſcuſſion publique, & ne ſont tentées qu'après
» avoir reçu l'aſſentiment général.

» Mais les meilleures idées, les plus excellens ſyſtèmes ne peu-
» vent obtenir de ſuccès, que lorſqu'ils ſont parvenus à un certain
» degré de maturité ; & le choc des opinions l'accélère. Enfin le
» moment eſt arrivé de franchir ce pas important, qu'un reſte d'atta-
» chement aux anciens uſages pouvoit faire regarder encore comme
» haſardeux. Le Roi comble les vœux de ſa nation, en donnant à
» l'adminiſtration de ſon royaume une nouvelle forme, qui, en
» appelant au maniement des affaires intérieures des provinces les
» repréſentans des propriétaires, les vraies parties intéreſſées, don-
» nera un libre eſſor à toutes les idées qu'ils pourront concevoir
» pour leur bien & leur avantage, & mettra au grand jour des talens
» juſqu'alors enfouis par le défaut de moyens & d'occaſions de les
» faire valoir.

» Déjà les eſſais de ce nouveau régime, faits au Berry & dans la
» haute Guyenne, ont montré combien il étoit avantageux. On en

» rend aujourd'hui l'organiſation plus parfaite, en créant des Aſſem-
» blées élémentaires les unes des autres, tandis que celles qu'on vient
» de citer, ſe formant & ſe régénérant à perpétuité par elles-mêmes
» & ſans le concours d'Aſſemblées ſecondaires, ne pouvoient être
» conſidérées comme repréſentantes des provinces auxquelles elles
» appartiennent. Ce vice de leur formation ne les a pas empêchées
» cependant de ſe rendre utiles ; elles ont tiré ces pays inactifs de
» l'engourdiſſement dans lequel ils languiſſoient. Elles les ont vivifiés
» en créant de nouvelles branches de commerce, en ouvrant des
» débouchés aux denrées, en encourageant les élans de l'induſtrie ;
» enfin elles ont obtenu la confiance des peuples. Ce ſeroit déjà un
» grand avantage, quand cette confiance n'auroit pour baſe que la
» prévention ; mais ici l'opinion publique eſt fondée ſur la raiſon &
» ſur la juſtice : le Roi n'a aucun intérêt à diriger par une influence
» immédiate des détails qui peuvent être confiés à la Nation elle-
» même ; & l'autorité eſt déplacée par-tout où elle n'eſt pas néceſſaire.

» Il eſt naturel que des ſujets qui s'épuiſent pour contribuer aux
» charges de l'État, ſe partagent entr'eux cette contribution. On ne
» peut douter qu'une répartition contredite par toutes les parties
» intéreſſées, ne ſoit plus exacte & plus égale que celle faite par un
» Commiſſaire du Roi, qui n'a pas ces débats ſous les yeux. Il eſt
» encore très-ſimple que des contribuables ſuivent & ſurveillent
» l'emploi des ſommes qu'ils ſupportent pour des dépenſes qui leur
» ſont particulières ; qu'ils provoquent les établiſſemens qu'ils jugent
» pouvoir leur devenir avantageux, & ſur l'utilité deſquels le Gou-
» vernement ne ſauroit jamais être auſſi bien éclairé que par eux.

» Tels ſont les objets importans, qui feront ſoumis à votre vigi-
» lance. Tels ſont les pouvoirs que vos concitoyens vous confient
» & que le Roi vous permet d'accepter. Que n'ont-ils pas droit
» d'attendre des ſoins & des lumières des Membres de cette Aſſem-

» blée, choisis dans leurs différens ordres, pour s'occuper de leur
» bonheur !

» Pour moi, Messieurs, dégagé du ministère actif que j'exerce
» depuis dix ans dans cette province ; destiné à devenir désormais
» près de vous l'organe des volontés du Roi, à être témoin de vos
» utiles travaux, à leur prêter la force exécutive, à adresser vos déli-
» bérations au Conseil, pour recevoir & vous remettre ses décisions ;
» je me félicite d'avance de n'avoir à mettre sous les yeux de Sa
» Majesté, que des preuves de votre zèle & de votre amour pour
» le bien public.

» Je dépose en vos mains une partie des fonctions dont j'étois
» chargé. Si quarante ans d'expérience dans la carrière pénible de
» l'administration, si les connoissances particulières que j'ai tâché
» d'acquérir de votre pays, peuvent vous devenir utiles, je me ferai
» une gloire, & je m'estimerai heureux de seconder vos efforts &
» de concourir avec vous au bien d'une province dont les intérêts
» me sont devenus si chers, & à laquelle j'ai consacré mon zèle &
» mes travaux.

» J'ai ébauché un travail important pour ramener l'égalité dans la
» répartition des charges publiques. Peut-être jugerez-vous à propos
» d'en suivre les erremens. Je vous offre, dans ces commencemens
» sur-tout où le chaos des affaires doit se débrouiller à vos yeux,
» tous les documens, tous les détails, toutes les communications
» que vous pourrez desirer ; & je mets dès aujourd'hui à vos ordres
» toutes les personnes qui ont été employées sous les miens, dans les
» parties qui passent sous votre direction.

» J'ose me flatter que rien n'altèrera jamais cette union, ce con-
» cert, qui doivent régner entre nous, & qui seront nécessairement
» utiles au bien de la chose. Les vues qui animeront cette Assem-
» blée, & le caractère bien connu du Membre distingué de la

» Nobleffe qui la préfide, ne peuvent me laiffer douter de vos dif-
» pofitions à cet égard. «

A M. le Bailli de FLACHSLANDEN.

» Monfieur, je ne puis affez m'applaudir des relations que nos
» fonctions refpectives vont établir entre nous. Attaché depuis long-
» temps à tout ce qui porte votre nom ; témoin des fuccès que M.
» votre frère vient d'obtenir dans l'augufte affemblée dont nous
» avions l'honneur l'un & l'autre d'être membres ; témoin des efforts
» qu'il y a faits pour le maintien des priviléges & des intérêts de
» cette province, je regarde comme un heureux augure pour elle,
» qu'un autre lui-même, en qui nous fommes affurés de trouver
» les mêmes lumières & les mêmes fentimens, ait été honoré du
» choix de Sa Majefté, & qu'il fe trouve à la tête de la nouvelle
» Adminiftration. «

Après quoi M. le Commiffaire du Roi préfenta à l'Affemblée la
formation des diftricts, telle qu'il l'avoit remife au Chef des finances,
qu'elle reçut provifoirement, & fit lire par fon Secrétaire le *Règle-*
ment du douze juillet fur la formation & la compofition des Affemblées
qui auront lieu dans la province d'Alface, en vertu de l'Édit portant
création des Affemblées provinciales.

Après cette lecture M. le Préfident répondit :

» Monfieur, cette Affemblée, pénétrée de reconnoiffance pour
» les vues paternelles de Sa Majefté envers fon peuple d'Alface,
» cherchera par fa foumiffion à fes ordres, fon zèle pour fon fervice
» & fa gloire, à mériter la continuation de fes bontés, de fa
» confiance.

» Les rapports mutuels que cette circonftance va nous donner
» avec vous, Monfieur, nous font bien chers. Depuis dix ans que
» vous êtes Adminiftrateur de cette province, nous avons apprécié
votre

» votre amour pour le bien public, & il eſt ſatisfaiſant pour nous
» de pouvoir penſer que nous concourrons avec vous au même
» but.

» Cette Aſſemblée ne peut & ne doit aſpirer qu'à réunir les
» facultés qui lui ſont néceſſaires pour opérer le bien qu'on attend
» d'elle ; contente de pouvoir mettre ſous les yeux du Roi ce
» qu'elle croira utile à ſes peuples, elle ne paſſera pas les limites
» que la ſageſſe du Gouvernement lui a marquées.

» Nous vous demandons, Monſieur, individuellement vôtre ami-
» tié : le Corps eſpère trouver dans vos lumières les ſecours dont
» il a beſoin pour remplir l'objet qu'il ſe propoſe, & qui nous eſt
» commun, le ſoulagement des ſujets du Roi.

Ce fait, M. le Commiſſaire du Roi s'eſt retiré, étant reconduit
par la même députation.

Alors M. le Préſident propoſa de procéder à l'élection d'un Greffier ;
quelques Membres ayant deſiré de la différer juſqu'au lundi 20, pour
avoir le temps de prendre des informations ſur des ſujets capables,
d'autres Membres ayant dit qu'il étoit abſolument néceſſaire de ne
pas retarder ce choix, on alla aux opinions, & il fut arrêté à la
pluralité de treize voix contre onze de nommer ſur le champ le
Greffier. Ce choix s'eſt fait par la voix du ſcrutin ; M. Hennenberg
& M. Schwendt, nommés ſcrutateurs, trouvèrent douze billets en
faveur du ſieur Mathieu, & douze en faveur du ſieur Deville. Sur
cette égalité de ſuffrages il fut arrêté que le choix feroit fixé ſur celui
des deux concurrens auquel M. le Préſident donneroit ſa voix prépon-
dérante ; elle fut pour le ſieur Mathieu.

Et de ſuite, il a été arrêté que dimanche 19 à onze heures, il feroit
dit ſans cérémonial dans la paroiſſe de S. Étienne une meſſe du Saint-
Eſprit, à laquelle tous les membres aſſiſteroient. M. l'Évêque de Dora
accepta l'invitation qui lui fut faite de la dire.

B

Il a été également convenu que l'Affemblée feroit une vifite de corps à M. le Marquis de la Salle, Commandant de la province, & à M. le Commiffaire du Roi. La prochaine féance a été fixée au lundi 20 août, dix heures du matin.

Le préfent procès - verbal a été rédigé par M. Schwendt, à défaut de Greffier, ce 18 août 1787.

Le lendemain 19, la meffe du S. Efprit fut célébrée de la manière fufdite à l'églife de S. Étienne, & tous les Membres catholiques de l'Affemblée y affiftèrent, ainfi que M. le Commiffaire du Roi.

L'Assemblée s'étant formée aux jour & heure fixés, M. le Préfident propofa d'exécuter l'article III du règlement du 12 juillet, *Affemblées provinciales*. On procéda fur le champ à l'élection des vingt - quatre perfonnes, qui, avec celles nommées par Sa Majefté, formeroient le nombre de quarante - huit dont l'Affemblée devoit être compofée.

Les Membres déjà nommés par Sa Majefté ayant été répartis fur les fix diftricts établis par l'article premier dudit règlement, relatif aux *Affemblées de diftricts*, on choifit parmi les trois ordres le nombre de perfonnes fuffifant pour remplir les difpofitions de l'article VII.

Les Membres élus à la pluralité des fuffrages & au fcrutin ont été :

Pour le Clergé:

MM. l'Abbé Gérard, l'Abbé de Pairis, le Bailli de Truchfèss d'Appenwihr, l'Abbé de Boug, le Baron de Weffemberg, Noblat.

Pour la Nobleffe :

MM. le Baron de Dietrich, le Baron de Guelb, le Baron de Müllenheim, le Baron de Schauenbourg d'Herlisheim, le Baron de Berckheim de Schoppenwihr, le Duc de Valentinois.

Pour le Tiers-État:

MM. Keller, Danzas, de Dartein, Kuhn, Bueb, Wendling, Sandherr, de Wegbecher, Kolb, Bæchelé, Thannberger, de Belonde.

L'Affemblée s'ajourna au mardi 21.

Du Mardi 21 Août, à 9 heures.

En exécution de l'art. IV, l'Affemblée procéda aux élections des onze Membres, qui, avec le Préfident, nommé par Sa Majefté, commenceront à former les Affemblées de diftrict.

La pluralité des fuffrages par voie de fcrutin fe réunit, pour le diftrict de

L A N D A U,

Sur MM. de Maft, Dumont, Brunck, *du Clergé;* le Baron de Rathfamhaufen, de Colomé, *de la Nobleſſe;* Haftermann, Schaumafs, Gœrdner, Kern, Humbourg, Walter; *du Tiers-État.*

H A G U E N A U.

MM. le Commandeur de Landfperg, de Ruth, Sultzer, *du Clergé;* le Baron de Kageneck, le Baron de Wangen, fils, *de la Nobleſſe;* Bertrand, de Barth, Schnœringer, Rothjacob, Schwendt, Humbourg; *du Tiers-État.*

L'Affemblée s'ajourna au mercredi 22.

Du Mercredi 22 Août, à 9 heures.

L'élection des Membres des Affemblées de diftricts fut continuée pour les quatre autres diftricts, & l'on choifit à la pluralité des fuffrages par la voie du fcrutin pour le diftrict de

SÉLESTAT.

MM. le Commandeur de S. Jean, l'Abbé d'Eberfmünfter, *du Clergé* ; le Baron de Landfperg, le cadet, le Baron de Boulach, le Baron de Berftætt, *de la Noblesse* ; Olry, Kaufmann de Matzenheim, Brobeque, Deville, de la Colombiere, Kaufmann de Rhinau ; *du Tiers-État.*

COLMAR.

MM. l'Abbé de Munfter, Chauffour, Delort, *du Clergé* ; le Baron de Berckheim de Ribeauvillé, le Baron de Truchfèss, *de la Noblesse* ; Beyerimhoff, Marchal, Brobeque, de Bourfte, Mueg, Larcher; *du Tiers-État.*

HUNINGUE.

MM. le Baron de Reinach, de Sombreuil, Sorel, *du Clergé* ; le Baron de Reinach de Steinbronn, le Baron de Reichenftein de Leimen, *de la Noblesse* ; Heimburger, Duringer, Heiz, Pflieger, Geiger, Wendling; *du Tiers-État.*

BÉFORT.

MM. le Commandeur de Ferrette, Rofet, Galet, *du Clergé* ; le Comte de Montjoie de Vaufrey, de Klœckler, *de la Noblesse* ; Tourné, Wilhelm, Reichftætter, Dreyer, Bach, Kopff; *du Tiers-État.*

Cela fait, l'Affemblée s'ajourna au jeudi 23.

Du Jeudi 23 Août, à 9 heures.

M. LE PRÉSIDENT, après avoir excité l'attention des Membres fur l'importance des choix qui devoient fe faire pour les Syndics & la Commiffion intermédiaire, préfenta pour Syndics dans l'ordre de la Nobleffe & du Clergé, MM. le Baron de Schauenbourg, l'Abbé de

Neubourg, l'Abbé de Maurmoutier, le Baron de Dietrich ; & dans le Tiers-État, MM. Chauffour, Hennenberg, Hell, Schwendt.

Ont été élus à la pluralité des voix & par la voie du scrutin, M. le Baron de Schauenbourg d'Herlisheim, & M. Hell : & de suite furent proposés pour la commission intermédiaire, M. l'Abbé de Neubourg, dans l'ordre du Clergé ; M. le Baron de Falckenhayn, pour la Noblesse ; MM. de Turckheim, Mayno, Zollicoffre, Horrer, dans le Tiers-État.

La pluralité des suffrages par la même voie décida pour MM. l'Abbé de Neubourg, le Baron de Falckenhayn, de Turckheim, Schwendt.

Après quoi M. le Président proposa de prendre en considération le règlement du 12 juillet & les observations envoyées à M. le Président par M. le Contrôleur général des finances, jointes à sa lettre du 28 juillet, dont le Greffier fit la lecture. Le paragraphe IV des *Observations* prescrivant de remplacer les Syndics qui seroient pris dans le sein de l'Assemblée, il fut observé, qu'il paroissoit y avoir contradiction entre ce paragraphe & l'article III du règlement qui fixe à 48 le nombre des personnes qui composeroient l'Assemblée ; de plus, que, si on remplaçoit les deux Syndics, ils perdroient par-là le droit de vôter à l'Assemblée, ce qui ne paroît point indiqué par le le règlement du 12 juillet ; & que les Syndics étant pris dans l'ordre de la Noblesse & du Tiers-État, le remplacement de ces deux membres détruiroit l'équilibre que Sa Majesté a voulu établir entre les Corps respectifs. En conséquence de ces réflexions, M. le Président a été prié de communiquer les doutes de l'Assemblée au Gouvernement. Sur ce qu'il a été dénoncé à l'Assemblée qu'il s'élevoit dans les villages des discussions relatives à la municipalité, il a été décidé qu'il n'y avoit quant à présent matière à délibérer, & que l'Assemblée attendroit des Assemblées & Commissions intermédiaires de districts des lumières néceſſaires ſur cet objet, pour pouvoir à l'Aſſemblée complète faire les obſervations avec connoiſſance de cauſe.

M. le Préſident propoſa enſuite à l'Aſſemblée de donner à la Commiſſion intermédiaire les inſtructions néceſſaires; & il fut déterminé qu'elle auroit à préparer tous les objets qu'elle croira utiles pour donner à l'Aſſemblée complète des connoiſſances qui la mettent en état d'opérer avec célérité ſur tous les objets portés dans l'édit de création; à recevoir de M. le Commiſſaire départi les éclairciſſemens & inſtructions néceſſaires pour ſe mettre en état de vaquer l'année ſuivante au département des impoſitions; à ſe faire rendre compte par les ingénieurs de la province des chemins & ouvrages publics qui ſont à ſa charge, & qui doivent avoir lieu l'année prochaine; à ne pas perdre de vue les diſpoſitions de la *déclaration du Roi pour la liberté du commerce des grains du 17 juin 1787.*

De plus il lui a été enjoint de former pour l'Aſſemblée complète un projet de règlement de police intérieure de l'Aſſemblée, en prenant pour baſe ceux déjà adoptés dans les autres Aſſemblées provinciales, en tant qu'ils ne contrarieroient pas les poſitions locales & le règlement du 12 juillet.

Après quoi l'Aſſemblée s'eſt ajournée au vendredi 24, à 8 heures du matin.

Du Vendredi 24 Août, à 8 heures.

Sur l'obſervation faite par un membre de l'Aſſemblée dans l'ordre du Tiers-État, qu'il croyoit devoir ſe réſerver les droits & prérogatives de ſa Nobleſſe, il y a été adhéré pour lui & pour tous ceux qui ſe trouveroient dans le même cas.

Il fut arrêté que les premières Aſſemblées de diſtricts ſeroient fixées au 10 ſeptembre, & la prochaine ſéance de l'Aſſemblée provinciale au ſamedi 10 novembre; à laquelle auſſi l'égliſe où ſe devra célébrer

la meffe du S. Efprit, feroit indiquée ; & quant aux frais d'adminiftration, de bureau, de ports-de-lettres, & de réparation de la falle de
l'Affemblée, il fut réfolu de s'en remettre à la Commiffion intermédiaire, qui en fera le rapport à l'Affemblée provinciale lors de la
première féance.

Ce fait, M. Mayno fut député à M. le Commiffaire du Roi, pour
le prévenir que l'Affemblée l'attendoit pour fe féparer.

A fon arrivée, étant en robe, il a été reçu au bas de l'efcalier par
le Syndic préfent, & au haut de l'efcalier par M. l'Abbé de Neubourg,
M. le Comte de Montjoie, & MM. Zollicofre & de Turckheim,
nommés à cet effet. Étant entré dans la falle, où il trouva tous les
Membres debout, il les falua & fe plaça dans un fauteuil, vis-à-vis
de M. le Préfident, & dit :

M E S S I E Ú R S ,

» C'EST avec regret que je viens arrêter le premier mouvement
» de votre zèle. A peine établis, vous brûlez du defir de le fignaler
» pour le bien & l'avantage de vos concitoyens ; mais l'objet de cette
» Affemblée, uniquement deftinée à fe former, fe trouve rempli par
» les élections auxquelles vous venez de procéder. Les choix que
» vous avez faits annoncent le mérite de tout ce qui fortira de vos
» délibérations. Une Commiffion intermédiaire auffi bien compofée ;
» des Syndics auffi recommandables par leur activité, leur intégrité
» & leurs talens ; voilà une bafe importante fur laquelle pofera
» l'édifice de votre adminiftration. »

» D'ici au moment où vous vous réunirez à vos nouveaux
» collègues, votre Bureau permanent fera en état de mettre fous
» vos yeux les connoiffances préliminaires qu'il aura raffemblées.
» Le Roi m'ayant fait d'ailleurs adreffer fes ordres, de procéder
» encore à la répartition des impofitions pour l'année prochaine,

» l'Assemblée, avant de s'occuper d'une partie auffi intéreffante de
» l'adminiftration, aura le temps néceffaire pour étudier à fond cette
» grande machine, qu'il eft difficile de faire mouvoir fans en bien
» connoître les refforts. Si vous croyez, Meffieurs, que mes foibles
» lumières puiffent en accélérer le développement à vos yeux, je
» vous renouvelle à cet égard les offres que j'ai déjà eu l'honneur
» de vous faire avec autant de zèle que de fincérité. Je regarderai,
» comme un titre d'honneur, d'avoir contribué à vos fuccès. Il fuffit
» pour s'y intéreffer, d'être attaché au bien public, qui en dépend. »

 » Je ne puis encore, Meffieurs, vous tracer la marche que vous avez
» à fuivre. J'ai attendu jufqu'ici inutilement le règlement qui devoit
« m'être adreffé, pour vous faire connoître avec plus de précifion
» les fonctions qui vous font deftinées. L'édit portant création des
» Affemblées provinciales, le règlement du 12 du mois dernier &
» les obfervations envoyées par M. le Contrôleur général, peuvent
» feuls vous fervir de guides, jufqu'à ce que les intentions de Sa
» Majefté vous aient été plus clairement annoncées. Elles feront
» néceffairement connues avant la convocation de votre Affemblée
» générale ; & vos opérations ne pouvant avoir une certaine activité
» qu'à une époque encore éloignée, ce retard ne laiffera que plus
» de temps, pour combiner avec réflexion le nouveau régime auquel
» la province doit être foumife. »

M. le Préfident lui répondit :

 » Je ne puis que vous renouveler, Monfieur, les affurances de
» fidélité & d'attachement refpectueux de cette Affemblée envers le
» Roi. Elle vous réitère, Monfieur, l'expreffion de fes fentimens
» particuliers pour vous, & connoît trop bien vos principes pour
» n'être pas convaincue que vous voudrez bien vous réunir à elle
» pour tous les objets d'utilité publique. »

Sur

Sur quoi M. le Commissaire du Roi se retira, & les Membres de l'Assemblée, avant de se séparer, signèrent le présent procès-verbal.

Signé le Bailli de FLACHSLANDEN.

† L'Évêque de DORA.	Le Comte de WALDNER, Ch.er de S. Jean.
L'Abbé de NEUBOURG.	Le Baron de WANGEN.
L'Abbé de MAURMOUTIER.	Baron de FALCKENHAYN.
REGEMORTE.	Le Baron de LANDSPERG.
	Le Comte de MONTJOIE d'HIRSINGEN.
DE LA PORTE.	CHAUFFOUR, Syndic de Colmar.
HENNENBERG.	NEUBECK.
Antoine de COINTOUX.	ZOLLICOFFRE, père.
SCHWENDT.	MAYNO.
HELL, Syndic.	PFLIEGER.
	TURCKHEIM.

MATHIEU, Greffier.

Pour copie conforme à l'original. Strasbourg, le 26 août 1787.
Signé MATHIEU, Greffier.

S'enfuit l'ÉDIT DU ROI, portant création d'Assemblées provinciales. Versailles au mois de Juin 1787. Enregistré le 12 Juillet suivant.

LOUIS, par la grâce de Dieu, Roi de France & de Navarre : A tous présens & à venir ; SALUT. Les heureux effets qu'ont produits les Administrations provinciales établies par forme d'essais dans les provinces de haute Guyenne & de Berry, ayant rempli les espérances que Nous en avions conçues, Nous avions jugé qu'il étoit temps d'étendre le même bienfait aux autres provinces de notre royaume. Nous avions été confirmés dans cette résolution, par les délibérations unanimes des Notables que nous avons appelés

C

auprès de Nous, & qui, en nous faifant d'utiles obfervations fur la forme de cet établiffement, Nous ont fupplié avec inftance de ne pas différer à faire jouir tous nos fujets des avantages fans nombre qu'il doit produire. Nous déférons à leur vœu avec fatisfaction : & tandis que, par un meilleur ordre dans les finances & par la plus grande économie dans les dépenfes, Nous travaillerons à di- minuer la maffe des impôts, Nous efpérons qu'une inftitution bien combinée en allègera le poids par une plus exacte répartition, & rendra facile l'exécution des plans que Nous avons formés pour la félicité publique. A CES CAUSES & autres à ce Nous mouvant, de l'avis de notre Confeil, & de notre certaine fcience, pleine puiffance & autorité royale, Nous avons, par notre préfent Édit perpétuel & irrévocable, dit, ftatué & ordonné ; difons, ftatuons & ordonnons, voulons & nous plaît ce qui fuit :

ARTICLE PREMIER.

IL fera, dans toutes les provinces de notre royaume où il n'y a point d'États provinciaux, & fuivant la divifion qui fera par Nous déterminée, inceffamment établi une ou plufieurs Affemblées provin- ciales ; & , fuivant que les circonftances *locales* l'exigeront, des Affemblées particulières de diftricts & de communautés ; & pendant les intervalles de la tenue defdites Affemblées, des Commiffions intermédiaires : les unes & les autres compofées d'aucuns de nos fujets des trois Ordres, payant les impofitions foncières ou perfonnelles dans lefdites provinces, diftricts & communautés ; & ce dans le nombre qui fera par Nous fixé proportionnellement à la force & à l'étendue defdites provinces, diftricts & communautés ; fans néan- moins que le nombre des perfonnes choifies dans les deux premiers Ordres, puiffe furpaffer le nombre des perfonnes choifies pour le Tiers-État : & les voix feront recueillies par tête alternativement entre les Membres des différens Ordres.

II.

LESDITES Assemblées provinciales seront par elles-mêmes, ou par les Assemblées ou Commissions qui leur seront subordonnées, chargées sous notre autorité & celle de notre Conseil, de la répartition & assiette de toutes les impositions foncières & personnelles, tant de celles dont le produit doit être porté en notre trésor royal, que de celles qui ont ou auront lieu pour chemins, ouvrages publics, indemnités, encouragemens, réparations d'églises & de presbytères, & autres dépenses quelconques propres auxdites provinces, ou aux districts & communautés qui en dépendent : Voulons que lesdites dépenses, soit qu'elles soient communes auxdites provinces, soit qu'elles soient particulières à quelques districts ou communautés, soient suivant leur nature délibérées ou suivies, approuvées ou surveillées par lesdites Assemblées provinciales, ou par les Assemblées ou Commissions qui leur seront subordonnées; leur attribuant, sous notre autorité & surveillance, ainsi qu'il sera par Nous déterminé, tous les pouvoirs & facultés à ce nécessaires.

III.

LES Procureurs-Syndics qui seront établis près de chacune desdites Assemblées provinciales & de districts, pourront en leurs noms & comme leurs représentans, présenter toutes requêtes, former toutes demandes, & introduire toutes instances pardevant les juges qui en doivent connoître, & même intervenir dans toutes les affaires générales ou particulières qui pourront intéresser lesdites provinces ou districts, & les poursuivre au nom desdites Assemblées, après toutefois qu'ils y auront été autorisés par elles, ou par les Commissions intermédiaires.

IV.

LA Présidence desdites Assemblées & Commissions intermédiaires sera toujours confiée à un Membre du Clergé ou de la Nobleffe, & elle ne pourra jamais être perpétuelle.

V.

Il sera loifible auxdites Affemblées provinciales de nous faire toutes repréfentations, & de nous adreffer tels projets qu'elles juge-ront utiles au bien de nos peuples ; fans cependant que, fous prétexte defdites repréfentations ou projets, l'affiette & le recouvrement des impofitions établies, ou qui pourront l'être, puiffent, à raifon def-dites repréfentations ou projets, éprouver aucun obftacle ni délai. Voulons dès-à-préfent qu'il y foit, audit cas, procédé dans la forme actuellement exiftante.

V I.

Nous nous réfervons de déterminer par des règlemens particu-liers, ce qui regarde la première convocation defdites Affemblées, leur compofition & celle des Commiffions intermédiaires, ainfi que leur police, & tout ce qui peut concerner leur organifation & leurs fonctions ; & ce conformément à ce qui eft prefcrit par notre préfent édit, & à ce que pourront exiger les befoins particuliers, coutumes & ufages defdites provinces. Si donnons en mandement à nos amés & féaux les gens tenant notre Confeil fouverain d'Alface à Colmar, que notre préfent édit ils aient à faire lire, publier & regif-trer, & le contenu en icelui garder, obferver & exécuter felon fa forme & teneur : Car tel eft notre plaifir ; & afin que ce foit chofe ferme & ftable à toujours, nous y avons fait mettre notre fcel. Donné à Verfailles au mois de juin, l'an de grâce mil fept cent quatre-vingt-fept, & de notre règne le quatorzième. *Signé* LOUIS. *Et plus bas*, par le Roi, *figné* le M.^{al} DE SÉGUR, avec paraphe. A côté : *Vifa*, *figné* DE LAMOIGNON. *Vu au Confeil*, LAURENT DE VILLEDEUIL. *Et fcellé du grand fceau en cire verte, fur lacs de foie rouge & verte.*

*LUES, publiées & regiſtrées ès regiſtres du Conſeil ſouverain d'Al-
ſace; ouï, ce requérant & conſentant le Procureur général du Roi, pour
être exécutées ſuivant leur forme & teneur : arrêté que pour faire jouir
les habitans de l'Alſace du bienfait de Sa Majeſté & les mettre en
ſituation de pouvoir contribuer aux charges de l'État, le Seigneur
Roi ſera ſupplié de confier à l'Aſſemblée provinciale tous les objets
d'adminiſtration relatifs à l'avantage, aux beſoins, à la conſtitution,
& au vœu de la province, & d'adreſſer le règlement particulier qu'il
plaira à Sa Majeſté faire à cet égard, conformément à l'art. VI du
préſent édit, à ſon Conſeil ſouverain d'Alſace, pour y être vérifié &
enregiſtré; ordonné que copies d'icelles lettres dûment collationnées par
l'un des Greffiers du Conſeil, & imprimées dans les deux langues,
ſeront envoyées dans tous les Préſidiaux, Prévôtés, Bailliages &
autres Juriſdictions reſſortiſſans nûment au Conſeil, pour y être pareillement lues, publiées, regiſtrées & exécutées. FAIT aux Subſ-
tituts du Procureur général du Roi ſur les lieux, d'y tenir la main
& d'en certifier le Conſeil au mois. FAIT à Colmar au Conſeil ſouverain d'Alſace, Chambres aſſemblées, le 12 Juillet 1787. Collationné,
ſigné* VILLARD, avec paraphe.

Suit le RÈGLEMENT FAIT PAR LE ROI, *ſur la formation
& la compoſition des Aſſemblées qui auront lieu dans la province
d'Alſace, en vertu de l'Édit portant création des Aſſemblées provinciales : Du 12 juillet 1787.*

LE ROI ayant, par ſon édit du mois de juin dernier, ordonné
qu'il ſeroit inceſſamment établi dans les provinces & généralités de
ſon royaume, différentes Aſſemblées, ſuivant la forme qui ſera
déterminée par Sa Majeſté, Elle a réſolu de faire connoître ſes intentions ſur la formation & la compoſition de celles qui auront lieu
dans la province d'Alſace. Les diſpoſitions que Sa Majeſté a ſui-

vies, font généralement conformes à l'efprit qui a dirigé les délibérations des Notables de fon royaume, qu'Elle a appelés auprès
d'Elle ; mais en les adoptant, & malgré les avantages qu'elle s'en
promet, Sa Majefté n'entend pas les regarder comme irrévocable-
ment déterminées : Elle fait que les meilleures inftitutions ne fe
perfectionnent qu'avec le temps, & comme il n'en eft point qui
doive plus influer fur le bonheur de fes fujets que celle des Aſſemblées provinciales, Elle fe réferve de faire à ces premiers arrangemens
tous les changemens que l'expérience lui fera juger néceſſaires. C'eſt
en conféquence qu'Elle a voulu que les premières Aſſemblées dont
Elle ordonne l'établiſſement, reftent pendant trois ans, telles qu'elles
feront compofées pour la première fois. Ce délai mettra Sa Majefté
à portée de juger des effets qu'elles auront produits, & d'aſſurer
enfuite la confiftance & la perfection qu'elles doivent avoir. En conféquence Sa Majefté a ordonné & ordonne ce qui fuit :

L'adminiftration de la province d'Alface fera divifée en trois efpè-
ces d'Aſſemblées différentes, une municipale, une de diftrict & une
provinciale.

L'Aſſemblée provinciale fe tiendra dans la ville de Strasbourg ;
celles de diftrict, dans les villes qui feront ci-après défignées ; enfin
les Aſſemblées municipales, dans les villes & les paroiſſes qu'elles
repréfentent.

Elles feront élémentaires les unes des autres, dans ce fens que
les Membres de l'Aſſemblée de la province feront choifis parmi ceux
des Aſſemblées de diftrict, & ceux-ci pareillement, parmi ceux qui
compoferont les Aſſemblées municipales.

Elles auront toutes leur bafe conftitutive dans ce dernier élément
formé dans les villes & paroiſſes.

ASSEMBLÉES MUNICIPALES.

ARTICLE PREMIER.

DANS toutes les communautés d'Alface, où il n'y a pas actuellement d'Affemblée municipale, il en fera formé une conformément à ce qui va être prefcrit; Sa Majefté n'entendant pas changer pour le moment, la forme & l'adminiftration des municipalités établies.

I I.

L'ASSEMBLÉE municipale qui aura lieu dans les communautés de la province d'Alface, où il n'y a point de municipalité établie, fera compofée du Seigneur de la paroiffe & du Curé ou Miniftre, qui en feront toujours partie, & de trois, fix ou neuf Membres choifis par la communauté : c'eft-à-dire de trois, fi la communauté contient moins de cent feux; de fix, fi elle en contient deux cents; & de neuf, fi elle en contient davantage.

I I I.

LORSQU'IL y aura plufieurs Seigneurs de la même paroiffe, ils feront alternativement, & pour une année chacun, Membres de l'Affemblée municipale, en cas que la feigneurie de la paroiffe foit entr'eux également partagée; fi au contraire la feigneurie eft inégalement partagée, celui qui en poffèdera la moitié, fera de deux années une, Membre de ladite Affemblée; celui qui en poffèdera un tiers, de trois années une; & les autres qui en poffèderont une moindre partie, feront tenus d'en choifir un d'entr'eux pour les repréfenter; & pour faire ledit choix, chacun aura autant de voix qu'il aura de portions de feigneurie.

I V.

IL y aura en outre dans lefdites Affemblées un Syndic qui aura voix délibérative & qui fera chargé de l'exécution des réfolutions qui auront été délibérées par l'Assemblée, & qui n'auront pas été exécutées par elle.

V.

LE Syndic & les Membres électifs de ladite Assemblée, feront élus par l'Assemblée de toute la paroisse convoquée à cet effet.

V I.

L'ASSEMBLÉE de la paroisse fera composée de tous ceux qui paieront dix livres & au-dessus, dans ladite paroisse, d'imposition foncière ou personnelle, de quelqu'état & condition qu'ils foient.

V I I.

LADITE Assemblée paroissiale fe tiendra cette année le troisième dimanche d'août; & les années fuivantes, le premier dimanche d'octobre, à l'issue de vêpres.

V I I I.

CETTE Assemblée paroissiale fera présidée par le Syndic. Le Seigneur & le Curé ou Miniftre n'y assifteront pas.

I X.

LE Syndic recueillera les voix, & celui qui en réunira le plus, fera le premier élu Membre de l'Assemblée municipale; & il fera de même procédé fuccessivement à l'élection des autres.

X.

CES élections & toutes celles qui feront mentionnées dans le préfent règlement, fe feront par la voie du fcrutin.

X I.

TOUTE perfonne noble ou non noble, ayant vingt-cinq ans accomplis, étant domiciliée dans la paroisse au moins depuis un an, & payant au moins trente livres d'impofitions foncières ou perfonnelles, pourra être élue Membre de l'Assemblée municipale.

X I I.

CHAQUE année après les trois premières années révolues, un tiers

des

des Membres choifis par l'Affemblée municipale, fe retirera & fera remplacé par un autre tiers nommé par l'Affemblée paroiffiale. Le fort décidera les deux premières années, de ceux qui devront fe retirer; enfuite l'ancienneté.

XIII.

NUL Membre de l'Affemblée municipale ne pourra être réélu qu'après deux ans d'intervalle. Le Syndic fera élu tous les trois ans, & pourra être continué neuf ans, mais toujours par une nouvelle élection.

XIV.

LE Seigneur préfidera l'Affemblée municipale; en fon abfence le Syndic. Le Seigneur qui ne fe trouvera pas à l'Affemblée, pourra s'y faire repréfenter par un fondé de procuration, qui fe placera à la droite du Préfident. Les Corps laïcs ou eccléfiaftiques qui feront Seigneurs, feront repréfentés de même par un fondé de procuration.

XV.

LE Curé ou Miniftre fiégera à la gauche du Préfident, & le Syndic à la droite, quand il ne préfidera pas. Les autres Membres de l'Affemblée fiégeront entr'eux, fuivant la date de leur élection.

XVI.

L'ASSEMBLÉE municipale élira un Greffier qui fera auffi celui de l'Affemblée paroiffiale; il pourra être révoqué à volonté par l'Affemblée municipale.

ASSEMBLÉES DE DISTRICT.

ARTICLE PREMIER.

LA province d'Alface n'étant partagée ni en élections, ni en autres jurifdictions royales, fon ancienne divifion en bailliages de département continuera d'être fuivie & maintenue; en conféquence, lefdits bailliages de département feront réunis au nombre de huit, neuf ou dix au plus, en raifon de leur étendue & de leur proximité, pour lefdits bailliages réunis, former en tout avec les villes impériales voifines & les trois villes neuves de Huningue, Neuf-Brifac & Fort-Louis, fix diftricts, dans chacun defquels il fera établi une Affemblée particulière.

Lefdites Affemblées de diftrict fe tiendront, pour la haute-Alface, dans les villes de Colmar, Huningue & Béfort; & pour la baffe-Alface, dans celles de Landau, Haguenau & Schleftat. Les villes autrefois Impériales, & les villes neuves de Neuf-Brifac & Fort-Louis, feront réunies à celle des Affemblées de diftricts qui fe tiendra dans la ville la plus voifine.

I I.

Nul ne pourra être de ces Affemblées, s'il n'a été Membre d'une Affemblée municipale, foit de droit comme le Seigneur eccléfiaftique ou laïc, & le Curé ou le Miniftre, foit par élection comme ceux qui auront été choifis par les Affemblées paroiffiales. Les premiers repréfenteront le Clergé & la Nobleffe, les autres le Tiers-État.

I I I.

Dans les villes ou paroiffes dans lefquelles il y a des municipalités établies, les Députés defdites villes ou paroiffes aux Affemblées de diftrict, feront pris dans les Membres de ladite municipalité, ainfi que parmi les Seigneurs & Curés ou Miniftres defdites villes & paroiffes, & ce jufqu'à ce qu'il en ait été autrement ordonné.

I V.

Les fondés de procuration des Seigneurs laïcs à une Affemblée municipale, pourront auffi, fi le Seigneur qu'ils repréfentent n'eft pas lui-même de l'Affemblée de diftrict, & un feul pour chaque Seigneur, quand même il auroit plufieurs feigneuries, être nommés pour y affifter, pourvu qu'ils foient nobles, & qu'ils pofsèdent au moins mille livres de revenu dans le diftrict.

V.

Lorsqu'une feigneurie fera poffédée par des corps & communautés, un des Membres defdits corps & communautés, pourvu qu'il foit noble ou eccléfiaftique, pourra à ce titre être Membre defdites Affemblées de diftrict, fans néanmoins que le même corps puiffe avoir plus d'un Député à la même Affemblée.

V I.

Lesdites Affemblées feront compofées de vingt-quatre perfonnes, dont douze prifes en nombre égal parmi les Eccléfiaftiques & les Seigneurs laïcs ou Gentilshommes les repréfentant, & douze parmi les Députés des villes & des paroiffes.

V I I.

Ces vingt-quatre perfonnes feront prifes dans fix arrondiffemens, entre lefquels chaque diftrict fera divifé, & qui enverront chacun à l'Affemblée, ainfi qu'il fera dit ci-après, quatre Députés ; & fera cette divifion faite par la première Affemblée de diftrict.

V I I I.

La première Affemblée de diftrict fe tiendra au jour qui fera indiqué par les perfonnes que nous nommerons ci-après, pour former l'Affemblée provinciale.

I X.

Les mêmes perfonnes nommeront la moitié des Membres de ceux qui doivent compofer l'Affemblée de diftrict, & ceux-ci fe complèteront au nombre qui eft ci-deffus exprimé.

X.

Quand les Affemblées de diftrict feront formées, elles refteront compofées des mêmes perfonnes pendant les années 1788, 1789 & 1790.

X I.

CE temps expiré, les Affemblées fe régénèreront en la forme fuivante :

Un quart fortira chaque année par le fort, en 1791, 1792 & 1793, & après fuivant l'ancienneté, de manière néanmoins que par année il forte toujours un Membre de chaque arrondiffement.

Pour remplacer celui qui fortira, il fe formera une Affemblée repréfentative des paroiffes de chaque arrondiffement.

Cette Affemblée fera compofée des Seigneurs, des Curés ou Miniftres, & des Syndics defdites paroiffes, & de deux Deputés pris dans l'Affemblée municipale, & choifis à cet effet par l'Affemblée paroiffiale.

Cés cinq Députés fe rendront au lieu où fe tiendra l'Affemblée d'arrondiffement, & qui fera déterminé par l'Affemblée de diftrict; & ils éliront le Député à l'Affemblée de diftrict, dans le même ordre que celui qui fera dans le cas d'en fortir.

Cette Affemblée d'arrondiffement fera préfidée alternativement par celui des Seigneurs eccléfiaftiques ou laïcs qui devra fiéger le premier, fuivant l'ordre ci-après établi.

En cas d'abfence de Seigneur, la préfidence fera dévolue au Syndic le plus anciennement élu; & en cas d'égalité dans l'élection, au plus ancien d'âge.

X I I.

EN cas qu'il ne fe trouve pas de Seigneur, ni même de perfonne fondée de la procuration des Seigneurs, qui puiffe être députée à l'Affemblée de diftrict, il fera libre d'en choifir dans un autre arrondiffement, mais du même diftrict.

X I I I.

LA compofition des Affemblées de diftrict fera tellement ordonnée, que les Membres du Clergé & de la Nobleffe, ou du Tiers-État, feront le moins qu'il fera poffible, tirés de la même paroiffe; & la paroiffe dont fera celui qui fortira de l'Affemblée, ne pourra pas en fournir du même ordre, qu'après un an au moins révolu.

X I V.

Les Députés des paroiffes feront, autant qu'il fe pourra, toujours pris moitié dans les villes & moitié dans les paroiffes de campagne.

X V.

La préfidence fera dévolue à un Membre du Clergé ou de la Nobleffe indifféremment : ce Préfident fera nommé la première fois par Sa Majefté ; il reftera quatre ans Préfident, après quoi, & tous les quatre ans, le Roi choifira celui que Sa Majefté jugera convenable, entre deux Membres du Clergé & deux de la Nobleffe qui lui auront été propofés par l'Affemblée, après avoir réuni la pluralité des fuffrages.

X V I.

L'ordre des féances fera tel que les Eccléfiaftiques feront à droite du Préfident, les Seigneurs laïcs à gauche, & les repréfentans le Tiers-État en face.

X V I I.

En l'abfence du Préfident, l'Affemblée, s'il eft eccléfiaftique, fera préfidée par le premier des Seigneurs laïcs, & s'il eft laïc, par le premier des eccléfiaftiques.

X V I I I.

Les Eccléfiaftiques garderont entr'eux l'ordre accoutumé dans leurs féances.

X I X.

Les Seigneurs laïcs fiégeront fuivant l'ancienneté de leur admiffion, & l'âge décidera entre ceux qui feront admis le même jour.

X X.

Les féances entre le Tiers-État, feront fuivant l'ordre des paroiffes, qui fera déterminé d'après leur contribution.

X X I.

LES voix feront prifes par tête, & de manière qu'on prendra la voix d'un Eccléfiaftique, enfuite celle d'un Seigneur laïc, enfuite deux voix du Tiers, & ainfi de fuite jufqu'à la fin. Le Préfident opinera le dernier, & aura voix préponderante en cas de partage. Ce qui eft dit du Préfident de cette Affemblée, aura lieu pour toutes les Affemblées ou Commiffions dont il eft queftion dans le préfent Règlement.

X X I I.

LESDITES Affemblées de diftrict auront deux Syndics, un pris parmi les repréfentans du Clergé & de la Nobleffe, & l'autre parmi les repréfentans du Tiers. Les deux Syndics feront trois ans en place, & pourront être continués pendant neuf années, mais toujours par une nouvelle élection, après trois ans accomplis, & de manière cependant que les deux ne foient pas changés à la fois.

X X I I I.

IL y aura de plus un Greffier qui fera nommé par l'Affemblée, & révocable à fa volonté.

X X I V.

PENDANT l'intervalle des Affemblées de diftrict, il y aura une Commiffion intermédiaire, compofée d'un Membre du Clergé, d'un de la Nobleffe, & de deux du Tiers-état, qui, avec les Syndics, feront chargés de toutes les affaires que l'Affemblée leur aura confiées.

X X V.

LE Greffier de l'Affemblée fera auffi le Greffier de cette Commiffion intermédiaire.

X X V I.

LE Préfident de l'Affemblée de diftrict préfidera auffi, quand il fera préfent, cette Commiffion intermédiaire.

X X V I I.

EN fon abfence, elle fera préfidée par celui des repréfentans du

Clergé & de la Nobleſſe qui ſera nommé de ladite Commiſſion, & ce, ſuivant que le Préſident ſera de l'ordre du Clergé ou de la Nobleſſe, ainſi qu'il a été dit ci-deſſus.

X X V I I I.

LES Membres de ladite Commiſſion ſeront élus par l'Aſſemblée; les premiers reſteront les mêmes pendant trois ans, après leſquels un ſortira chaque année, d'abord par le ſort, enſuite par ancienneté, & ſera remplacé dans ſon ordre par l'Aſſemblée.

X X I X.

LA DITE Commiſſion intermédiaire rendra compte à l'Aſſemblée, par l'organe des Syndics, de tout ce qui aura été fait par elle dans le cours de l'année.

ASSEMBLÉES PROVINCIALES.

ARTICLE PREMIER.

L'ASSEMBLÉE provinciale d'Alſace, ſe tiendra pour la première fois, le 18 du mois d'Août.

I I.

ELLE ſera compoſée du ſieur Bailli de Flachſlanden, que Sa Majeſté a nommé Préſident, & des vingt-trois perſonnes qu'Elle ſe propoſe de nommer à cet effet, & qui ſeront priſes, ſavoir cinq parmi les Eccléſiaſtiques, ſix parmi les Seigneurs laïcs, & douze pour la repréſentation du Tiers-état. Tout Noble appelé à l'Aſſem-blée provinciale, ſera tenu de faire preuve de quatre générations de nobleſſe, par-devant les Commiſſaires nommés par l'Aſſemblée, à l'exception néanmoins des Gentilshommes immatriculés au Directoire de la Nobleſſe de la baſſe-Alſace, qui demeureront diſpenſés de cette formalité.

I I I.

LE ſieur Bailli de Flachſlanden & les autres perſonnes nommées dans l'article précédent, nommeront vingt-quatre autres perſonnes, pour former le nombre de quarante-huit dont ladite Aſſemblée ſera compoſée.

I V.

Ils nommeront pareillement les perſonnes qui, avec le Préſident que le Roi aura nommé, commenceront à former les Aſſemblées de diſtrict, qui doivent enſuite nommer les autres Membres deſdites Aſſemblées.

V.

Ils nommeront pareillement deux Syndics; un ſera pris parmi les repréſentans du Clergé & de la Nobleſſe, & l'autre parmi les repréſentans du Tiers-état, & un Greffier.

V I.

Ils nommeront auſſi une Commiſſion intermédiaire, compoſée du Préſident de l'Aſſemblée, des deux Syndics, d'un Membre du Clergé, d'un de la Nobleſſe, & de deux du Tiers-état.

V I I.

Des quarante-huit Membres dont ſera compoſée l'Aſſemblée provinciale, vingt-quatre ſeront Eccléſiaſtiques & Seigneurs laïcs ou Gentilshommes les repréſentant; les uns & les autres en nombre égal; & vingt-quatre pris dans les Députés des villes & des paroiſſes, & de manière que quatre ſoient toujours pris dans chaque diſtrict, & que dans ces quatre, il y en ait toujours un du Clergé, un de la Nobleſſe, & deux du Tiers-état.

V I I I.

Parmi les Membres de ladite Aſſemblée, il ne pourra jamais s'en trouver deux de la même paroiſſe.

I X.

La première formation faite reſtera fixe pendant les trois premières années; & ce terme expiré, l'Aſſemblée ſera régénérée par le procédé ſuivant.

X.

X.

Un quart se retirera par le sort en 1791, 1792 & 1793, & ensuite par ancienneté : ce quart qui se retirera chaque année, sera tellement distribué entre les districts, qu'il sorte un Député de chaque district ; & ce Député qui sortira, sera remplacé par un autre du même district, & nommé à cet effet par l'Assemblée de district.

X I.

Celui qui aura été élu par l'Assemblée de district pour assister à l'Assemblée provinciale, pourra rester Membre de l'Assemblée de district, & ainsi être tout-à-la-fois ou n'être pas partie des deux Assemblées ; mais les Membres de la Commission intermédiaire des Assemblées de district, ne pourront être Membres de la Commission intermédiaire de l'Assemblée provinciale.

X I I.

Tout Membre de l'Assemblée provinciale qui aura cessé d'en être, pourra être réélu, après toutefois qu'il aura été une année Membre de l'Assemblée de district.

X I I I.

En cas qu'un Membre de l'Assemblée provinciale meure ou se retire avant que son temps soit expiré, il sera remplacé dans son ordre par l'Assemblée de district, & celui qui le remplacera, ne fera que remplir le temps qui restoit à parcourir à celui qu'il aura remplacé.

X I V.

Le Président de l'Assemblée provinciale restera quatre ans Président.

X V.

Ce terme expiré, le Roi nommera un autre Président, pris parmi quatre des Présidens des districts, dont deux du Clergé & deux de la Noblesse, qui lui seront présentés par l'Assemblée provinciale.

E

XVI.

CE qui a été dit des élections, des rangs, ainsi que des Syndics, des Greffiers & de la Commiffion intermédiaire, pour les Affemblées de diftrict, aura également lieu pour les rangs, les Syndics, les Greffiers, & la Commiffion intermédiaire de l'Affemblée provinciale.

XVII.

LES Affemblées municipales de diftricts, ainfi que les commiffions intermédiaires qui en dépendent, feront foumifes & fubordonnées à l'Affemblée provinciale & à la Commiffion intermédiaire qui la repréfentera, ainfi qu'il fera plus amplement déterminé par Sa Majefté.

XVIII.

CHACUNE des Affemblées municipales ou de paroiffe, de diftrict & provinciale, fera formée de manière qu'elle foit toujours compofée au moins pour moitié de Membres catholiques.

FAIT & arrêté par le Roi étant en fon Confeil, tenu à Verfailles le douze juillet mil fept cent quatre-vingt-fept. *Signé* LOUIS; & *plus bas*, LE M.ᴬᴸ DE SÉGUR.

A M. le Bailli de FLACHSLANDEN, *Préfident de l'Affemblée provinciale d'Alface.*

Paris le 20 *Juillet* 1787.

J'AI l'honneur, Monfieur, de vous adreffer quelques exemplaires du Règlement que le Roi a arrêté le douze de ce mois, pour la formation & la compofition des Affemblées qui auront lieu dans la province d'Alface. Vous y verrez, Monfieur, que c'eft de vous que le Roi a fait choix pour préfider l'Affemblée provinciale. J'en éprouve d'autant plus de fatisfaction qu'il en réfultera pour moi l'avantage d'augmenter mes relations avec vous.

J'ai l'honneur d'être avec un fincère attachement, Monfieur, votre très-humble & très-obéiffant ferviteur. *Signé* DE VILLEDEUIL.

Suivent les OBSERVATIONS sur la tenue des premières Assem-
blées provinciales.

LA première Assemblée n'est proprement qu'une Assemblée préli-minaire, qui a lieu pour compléter celle qui doit s'assembler cet automne & préparer les objets dont celle-ci devra s'occuper.

La première chose qu'elle doit faire, est de se nommer un Greffier & ensuite deux Syndics.

Le Greffier doit être pris hors de l'Assemblée. Les Syndics pourront être pris indifféremment hors, ou dans le sein de l'Assemblée.

S'ils font pris dans le sein de l'Assemblée, elle les remplacera.

Les Syndics devront être choisis résidans habituellement dans la province, & n'ayant aucun service & emploi qui puisse les distraire de leurs occupations.

Les vingt-quatre Membres qui doivent être nommés, doivent être choisis de manière que sur les quarante-huit il y en ait quatre de chaque élection.

Au surplus on a suivi la division des Élections, & d'après cette division, il peut se trouver que quelques-unes paroissent trop foibles & méritent d'être réunies.

L'Assemblée pourra prendre cet objet en considération, mais feulement lorsqu'elle sera complète. Il ne peut y avoir de difficulté à trouver une première fois quatre personnes dans chaque élection; il ne pourroit y en avoir qu'à les renouveler. Aussi cet examen peut être remis sans inconvénient.

La Commission intermédiaire doit particulièrement fixer l'attention de l'Assemblée. Cette Commission doit être en tout temps, & sur-tout dans ce premier moment, composée de gens sages, intelligens, & zélés pour le bien public.

E ij

Il faut aussi qu'elle soit composée de gens habituellement résidans dans la province, & qui ne soient pas distraits par le service ou d'autres fonctions.

Quand cette Commission sera nommée, l'Assemblée lui donnera les instructions nécessaires pour former son premier travail.

Jusqu'à ce que l'Assemblée soit complète, la Commission intermédiaire sera sans action, si ce n'est pour préparer les objets; mais sous ce rapport elle pourra donner tous les ordres nécessaires.

Ainsi elle se fera rendre compte par les Ingénieurs de la province, des chemins & ouvrages publics qui sont à sa charge, & qui doivent avoir lieu l'année prochaine. Tous ceux de cette année doivent continuer à être ordonnés & dirigés par M. l'Intendant.

On enverra dans le mois d'août, à la Commission intermédiaire, un règlement sur les chemins. Ce règlement expliquera les ouvrages qui resteront à la charge de l'Assemblée provinciale, quels seront ceux qui seront envoyés aux Assemblées d'élection; il expliquera aussi tout ce qui est relatif à cette matière.

M. l'Intendant fera le département de la Taille cette année-ci, comme par le passé. La Commission intermédiaire recevra de lui les éclaircissemens & les instructions nécessaires pour se mettre en état de vaquer l'année suivante à la même opération.

Mais la première Assemblée complète devra s'occuper de la répartition de la subvention. M. l'Intendant & la Commission intermédiaire seront chargés de préparer tout ce qui aura trait à cette subvention, suivant l'instruction particulière qui leur sera adressée à cet effet.

Ce sera par ce grand objet que commencera la correspondance de la Commission intermédiaire avec les Assemblées municipales. Elle recevra aussi les Mémoires qui pourront lui être envoyés par ces Assemblées, pour être présentés à l'Assemblée provinciale.

Quand l'Assemblée aura donné à la Commission intermédiaire les instructions convenables, elle pourra se séparer, après avoir indiqué le jour où l'Assemblée complète se tiendra.

Celle-ci ne se tiendra qu'après que l'Assemblée d'élection aura eu lieu; il paroît donc convenable qu'elle soit indiquée dans le cours d'octobre, & l'Assemblée provinciale complète dans le cours de novembre.

Il est utile que l'Assemblée d'élection précède l'Assemblée provinciale, pour que celle-ci puisse approuver & présenter au Roi ce que l'autre aura délibéré.

L'Assemblée prendra en considération le règlement du Berry, & si elle a quelques remarques à y faire, elle les rédigera pour les mettre sous les yeux de l'Assemblée complète, non-seulement de celle qui se tiendra cette année, mais de celle qui aura lieu en 1788. Ce n'est que d'après deux Assemblées dans toutes les provinces que Sa Majesté se propose de rendre ce règlement définitif.

Il en sera de même des observations qui pourront être faites sur l'arrêt de formation : ce n'est qu'après deux Assemblées au moins que Sa Majesté se propose d'y mettre la dernière main.

Le Procès-verbal de cette première Assemblée doit être imprimé comme celui de toutes les Assemblées. Il seroit même à souhaiter que l'Imprimeur travaillât tout de suite, & pendant l'Assemblée, de sorte que le Procès-verbal puisse paroître quelques jours après qu'elle sera finie.

La première Assemblée pourra prévoir ce qui concerne les frais & dépenses nécessaires, mais sans les déterminer; la détermination devra être remise à la première Assemblée complète.

Il n'est pas besoin d'observer que ces frais & dépenses doivent être réglés avec sagesse & économie; il ne faut pas que ceux qui confacrent leur temps à la patrie lui foient à charge ou le deviennent à eux-mêmes. Ces frais feront pris fur la province.

On ne dit rien des féances, de l'habit & du cérémonial.

Les féances font déterminées par l'arrêt du Confeil.

L'habit du Clergé eft l'habit long. Sa féance eft déterminée par les ufages.

Les autres Députés n'auront point d'habit particulier.

Il convient qu'il y ait une meffe du Saint-Efprit à la première Affemblée ; elle pourra être fans cérémonial : aux autres, elle doit être folennelle. L'Affemblée déterminera l'églife où elle fera dite.

L'Affemblée, lorfqu'elle fera complète, pourra recevoir par fon Préfident la députation des Corps. Elle trouvera, peut-être, plus raifonnable de reftreindre cette députation aux Corps qui ont trait à l'Adminiftration.

Toutes les élections devront être au fcrutin. En général les délibérations devront être prifes au fcrutin fur les perfonnes, & de vive-voix fur les affaires.

A M. le Bailli de FLACHSLANDEN, *Préfident de l'Affemblée provinciale d'Alface, à Strasbourg.*

Verfailles le 28 Juillet 1787.

J'AI l'honneur, Monfieur, de vous envoyer quelques obfervations fur la tenue des premières Affemblées provinciales & fur les principaux objets dont elles devront s'occuper.

J'ai l'honneur d'être avec un fincère attachement, Monfieur, votre très-humble & très-obéiffant ferviteur.

Signé DE VILLEDEUIL.

ÉTAT

DES VILLES ET BAILLIAGES

D'ALSACE,

Qui doivent former les six Diſtricts, dans chacun desquels il a été établi une Aſſemblée particulière.

HAUTE-ALSACE.

DISTRICT DE COLMAR.

Villes : Colmar, Kayſersberg, Münſter, Neuf-Briſack, Türckheim. *Bailliages :* Enſisheim & Sainte-Croix, Horbourg & Richewir, Iſſenheim, Ribeauvillé, Rouſſach, Villé.

DISTRICT D'HUNINGUE.

Ville : Huningue. *Bailliages :* Altkirch, Bas-Landſer, Eſchentzwiller, Ferrette, Haut-Landſer, Hirſingen.

DISTRICT DE BÉFORT.

Bailliages : Bollwiller, Brunſtatt, Delle, Guebwiller, Maſſevaux, Ollwiller, Thann, Béfort.

BASSE-ALSACE.

DISTRICT DE LANDAU.

Villes : Landau, Wiſſembourg. *Bailliages :* Fleckenſtein, Gürrbaden, Bouxweiller ; Brumpt, Hatten, Offendorf & Wert ; Horbourg, Kutzenhauſen, La-petite-pierre, Neubourg, Oberbronn, Reishoffen, Schœneck.

DISTRICT DE SÉLESTAT.

Villes : Séleſtat, Oberenheim, Rosheim. *Bailliages :* Ban - de-la - Roche, Barr, Benfeldt, Dabo, Dachſtein, Dettwiller, Kocherſberg, Marckolsheim, Maurmoutier, Mutzig, Saint-Jean-des-choux, Saverne, Terres du Grand - chapitre.

DISTRICT DE HAGUENAU.

Villes : Haguenau, Fort-Louis. *Bailliages :* Biſchwiller, Dorlisheim, Haguenau, Terres de la Nobleſſe, Wantzenau, Waſſelonne.

NOMS des BAILLIAGES exempts d'impoſitions.

Altſtatt & Saint - Remy, Beinheim, Berbelſtein, Cléebourg, Dahn, Gouttemberg, Haguenbach, Lauterbourg, Magdebourg, Seltz.

OBSERVATIONS.

On a réuni à chacun des diſtriĉts les villes & les bailliages qui en ſont le plus voiſins ; on a tâché ſur - tout de les compoſer de manière qu'ils euſſent tous à ſupporter des impoſitions égales. La répartition de la ſubvention a ſervi de baſe juſqu'à préſent à celle des autres impoſitions ; elle monte à trois cent mille livres, & ſuivant la réunion propoſée,

Le diſtriĉt de Colmar paiera . . . . 53068 liv.

Celui d'Huningue 52758

Celui de Béfort 50192

Celui de Haguenau 55211

Celui de Séleſtat 50752

Et celui de Landau 38019

———————

300000

C'eſt

C'eſt la plus grande égalité à laquelle les circonſtances aient permis d'atteindre. Le diſtrict de Landau étant ſitué à l'extrémité de la province, & n'étant d'ailleurs environné que de bailliages exempts de l'impoſition, ne peut pas ſupporter une ſomme auſſi conſidérable que les autres.

Les communautés dépendantes des bailliages exempts d'impoſition, devant acquitter l'impoſition repréſentative de la corvée, & d'ailleurs étant chargées de la conſtruction de différens ouvrages publics, leurs députés doivent être appelés aux Aſſemblées de diſtricts, pour raiſon de ces derniers objets. Comme ces bailliages ont tous un intérêt commun, ils ne paroiſſent pas devoir être ſéparés; on a propoſé en conſéquence de les réunir tous au diſtrict de Landau, ſoit en conſidération de leur proximité de cette ville, ſoit parce que, comme on vient de l'expoſer, ce diſtrict eſt le moins conſidérable de tous.

Produit & dépoſé au Greffe, le 18 août 1787.

Signé *MATHIEU, Greffier.*

ASSEMBLÉE PROVINCIALE.

PRÉSIDENT,
Monsieur le Bailli de FLACHSLANDEN.

DISTRICT DE LANDAU.

Pour le CLERGÉ.
- M. l'Abbé de NEUBOURG.
- M. GERARD, Prévôt du Chapitre de Lautenbach.

Pour la NOBLESSE.
- M. le Baron de FALCKENHAYN, Lieutenant-général.
- M. le Baron de DIETRICH, Stettmeiſtre de Strasb.

Pour le TIERS-ÉTAT.
- M. ZOLLICOFFRE, Négociant de Strasbourg.
- M. NEUBECK, Préteur de Wiſſembourg.
- M. KELLER, Syndic-Greffier de Landau.
- M. DANSAS, Bailli d'Oberbronn.

DISTRICT DE HAGUENAU.

Pour le CLERGÉ.
- M. l'Abbé de MAURMOUTIER.
- M. de REGEMORTE, Prévôt du Chapitre de S. Pierre-le-Jeune à Strasbourg.

Pour la NOBLESSE.
- M. le Baron de WANGEN, Lieutenant-général.
- M. le Baron de LANDSPERG.

Pour le TIERS-ÉTAT.
- M. de COINTOUX, Préteur de Haguenau.
- M. SCHWENDT, Syndic de la Nobleſſe.
- M. MAYNO, Négociant de Strasbourg.
- M. HORRER, Bailli de Waſſelonne.

DISTRICT DE SÉLESTAT.

Pour le CLERGÉ.
- M. l'Évêque de DORA.
- M. le Bailli de FLACHSLANDEN, Préſident.

Pour la NOBLESSE.
{ M. le Baron de GUELB, Lieutenant-général.
{ M. le Baron de MÜLLENHEIM, Grand-veneur de l'Évêché.

Pour le TIERS-ÉTAT.
{ M. DARTEIN, Préteur de Séleftat.
{ M. HENNENBERG, XIII de Strasbourg.
{ M. de TURCKHEIM, Ammeiftre de Strasbourg.
{ M. KUHN, Bailli de Bofftzenheim.

DISTRICT DE COLMAR.

Pour le CLERGÉ.
{ M. l'Abbé de PAIRIS.
{ M. le Bailli de TRUCHSÈSS.

Pour la NOBLESSE.
{ M. le Baron de SCHAUENBOURG D'HERLISHEIM.
{ M. le Baron de BERCKHEIM DE SCHOPPENWIHR.

Pour le TIERS-ÉTAT.
{ M. CHAUFFOUR, Syndic de Colmar.
{ M. BUEB, Stettmeiftre de Colmar.
{ M. WENDLING, Préteur d'Enfisheim.
{ M. SANDHERR, Stettmeiftre de Colmar.

DISTRICT DE HUNINGUE.

Pour le CLERGÉ.
{ M. le Baron de WESSEMBERG, Seigneur de Liebenzwiller, Grand-Prévôt de Spire.
{ M. NOBLAT, Coadjuteur de Lucelles.

Pour la NOBLESSE.
{ M. le Comte de MONTJOIE D'HIRSINGEN.
{ M. le Duc de VALENTINOIS.

Pour le TIERS-ÉTAT.
{ M. HELL, Bailli de Landfer.
{ M. PFLIEGER, Receveur d'Altkirch.
{ M. WEGBECHER, Lieutenant-Colonel retiré.
{ M. KOLB, Arpenteur de la Maîtrife.

F ij

DISTRICT DE BÉFORT.

Pour le CLERGÉ. { M. le Prince-Abbé de MURBACH.
{ M. l'Abbé de BOUG, Official à Béfort.

Pour la NOBLESSE. { M. le Prince de BROGLIE.
{ M. le Comte de WALDNER.

Pour le TIERS-ÉTAT. { M. DE LA PORTE, M.ᵉ-bourgeois de Béfort.
{ M. BÆCHELÉ, Bailli de Mafevaux.
{ M. THANNBERGER, Greffier de Vaufrey.
{ M. de BELONDE, Bailli de Béfort.

SYNDICS.

Pour le Clergé & la Nobleffe,

M. le Baron de SCHAUENBOURG D'HERLISHEIM.

Pour le Tiers-État,

M. HELL, Bailli de Landfer.

Greffier, M. MATHIEU.

COMMISSION INTERMÉDIAIRE.

M. le Bailli de FLACHSLANDEN, Préfident.
M. l'Abbé de NEUBOURG, pour le Clergé.
M. le Baron de FALCKENHAYN, pour la Nobleffe.

M. de TURCKHEIM, Ammeiftre de Strasbourg. } Pour le
M. SCHWENDT, Syndic de la Nobleffe. } TIERS-ÉTAT.

M. le Baron de SCHAUENBOURG D'HERLISHEIM. } SYNDICS.
M. HELL, Bailli de Landfer. }

M. MATHIEU, Greffier.

ASSEMBLÉES DE DISTRICT.

DISTRICT DE LANDAU.

Préfident. M. le Baron de LANDENBERG DE SULTZMATT.

Pour le
CLERGÉ.
{ M. de MAST, Doyen du Chapitre de Wiffembourg.
{ M. DUMONT, Doyen du Chapitre de Landau.
{ M. BRUNCK, Curé de Lauterbourg.

Pour la
NOBLESSE.
{ M. le B.ᵒⁿ de LANDENBERG DE SULTZMATT, Préfid.ᵗ
{ M. le Baron de RATHSAMHAUSEN, Lieut.-Colonel.
{ M. de COLOMÉ, Stettmeiftre de Haguenau.

Pour le
TIERS-ÉTAT.
{ M. HASTERMANN, Négociant à Landau.
{ M. SCHAUMASS, Greffier de Sultz.
{ M. GÆRDNERR, Syndic-Greffier de Wiffembourg.
{ M. KERN, Confeiller de la Régence de Bouxwiller.
{ M. HUMBOURG, Greffier de Seltz.
{ M. WALTER, de Brumpt.

DISTRICT DE HAGUENAU.

Préfident. M. le Baron de WEITTERSHEIM.

Pour le
CLERGÉ.
{ M. le Commandeur de LANDSPERG.
{ M. de RUTH, Prévôt du Chapitre de Haguenau.
{ M. SULTZER, Curé de Mommenheim.

Pour la
NOBLESSE.
{ M. le Baron de WEITTERSHEIM, Préfident.
{ M. le Baron de KAGENECK.
{ M. le Baron de WANGEN, fils.

Pour le
Tiers-État.
{
M. Bertrand, Négociant de Bischwiller.
M. de Barth, Stettmeistre de Haguenau.
M. Schnœringer, Prévôt de Gambsheim.
M. Rothjacob, Bailli de Neubourg.
M. Schwendt, Conseiller de ville de Haguenau.
M. Humbourg, Syndic du Grand-chapitre.
}

DISTRICT DE SÉLESTAT.

Président. M. le Prince-Abbé de Murbach.

Pour le
Clergé.
{
M. le Prince-Abbé de Murbach, Président.
M. le Commandeur de S. Jean de Strasbourg.
M. l'Abbé d'Ebersmünster.
}

Pour la
Noblesse.
{
M. le Baron de Landsperg le cadet.
M. le Baron de Boulach, Stettmeistre à Strasbourg.
M. le Baron de Berstætt.
}

Pour le
Tiers-État.
{
M. Olry, Bailli d'Andlau.
M. Kaufmann, Prévôt de Matzenheim.
M. Brobeque, Secrétaire du Direct.re de la Noblesse.
M. Deville, Avocat.
M. Kaufmann, Prévôt de Rhinau.
M. de la Colombiere, de Mutzig.
}

DISTRICT DE COLMAR.

Président. M. le Baron de Klinglin.

Pour le
Clergé.
{
M. l'Abbé de Munster.
M. Chauffour, Prévôt du Chapitre de Colmar.
M. Delort, Curé d'Orbey.
}

Pour la NOBLESSE.
{
M. le Baron de KLINGLIN, Préfident.
M. le Baron de BERCKHEIM de Ribeauvillé.
M. le Baron de TRUCHSÈSS, Vicedom de l'Évêché.
}

Pour le TIERS-ÉTAT.
{
M. BEYERIMHOFF, Syndic de Kaifersberg.
M. MARÉCHAL, de Villé.
M. BROBEQUE, Préteur de Turckheim.
M. de BOURSTE, Avocat.
M. MUEG, Stettmeiftre de Colmar.
M. LARCHER, Bailli de Niederherckheim.
}

DISTRICT DE HUNINGUE.

Préfident. M. le Baron d'ANDLAU.

Pour le CLERGÉ.
{
M. de REINACH, Seigneur de Frœningen, Grand-Prévôt de Lure.
M. de SOMBREUIL, Curé de Héfingen.
M. SOREL, Curé de Safenheim.
}

Pour la NOBLESSE.
{
M. le Baron d'ANDLAU, Préfident.
M. le Baron de REINACH DE STEINBRONN.
M. le Baron de REICHENSTEIN DE LEIMEN.
}

Pour le TIERS-ÉTAT.
{
M. HEIMBURGER, Procureur-fifcal de Sirenz.
M. DURINGER, Confeiller de ville d'Altkirch.
M. HEITZ de Kembs.
M. PFLIEGER, Receveur d'Altkirch.
M. GEIGER, Prévôt de Deffenheim.
M. WENDLING, Bailli de Chalampé.
}

DISTRICT DE BÉFORT.

Préfident. M. le Comte de MONTJOIE D'HIRSINGEN.

Pour le CLERGÉ.
{
M. le Commandeur de FERRETTE DE FLORIMONT.
M. NOSET, Curé de Steinbronn.
M. GALET, Prévôt du Chapitre de Béfort.
}

Pour la NOBLESSE.
{ M. le Comte de MONTJOIE D'HIRSINGEN, Président.
{ M. le Comte de MONTJOIE-VAUFREY.
{ M. de KLŒCKLER, Maréchal-des-Camps.

Pour le TIERS-ÉTAT.
{ M. TOURNÉ, Bourguemaître de Thann.
{ M. WILHELM, Greffier de Masevaux.
{ M. REICHSTÆTTER, Chancelier de Guebwiller.
{ M. DREYER, Bailli de Sultz.
{ M. BACH, Bailli de Sirenz.
{ M. KOPFF, Bailli de Large.

Pour état conforme aux procès-verbaux de l'Assemblée provinciale d'Alsace. Strasbourg le 24 août 1787.

Signé MATHIEU, Greffier.